청 소 부

김 훤 구 제21시집

호脈

작가의 辯

댓잎에 쌓인 백설처럼
깨끗하고 시린 감동을 주는
時를 쓰고 싶었지만
그러지 못했습니다
그러나 계속 노력하겠습니다.

2025. 2.

김 훤 구

차례

 **인생**

작가의 辯 / 김훤구

12 · 무엇을 더 바라랴
13 · 일
14 · 부모님
15 · 청소부
16 · 하나님의 작품
17 · 품바
18 · 만족
19 · 일등국민
20 · 일본
21 · 아들
22 · 추억
23 · 허공의 해
24 · 마음의 때
25 · 천지창조
26 · 영욕을 떠나
27 · 텃밭
28 · 자기완성
29 · 화분
30 · 삐그덕 소리
31 · 시크릿[비밀]
32 · 빗소리

33 · 보물
34 · 풍부한 세상
35 · 금덩어리
36 · 주부
37 · 고요가 천국
38 · 주인
39 · 가족 나들이
40 · 오직 너
41 · 그 이상은 없다
42 · 젓가락
43 · 운명
44 · 벗
45 · 조용히 사나니
46 · 꽃동산
47 · 영웅
48 · 우리 어머니

차례

 **자연**

50 · 석류
51 · 목련
52 · 푸른 잎
53 · 복숭아와 방망이
54 · 울타리
55 · 밀감
56 · 장미
57 · 수박
58 · 탱자나무 울타리
59 · 보시
60 · 삼다수
61 · 신기루
62 · 진찰
63 · 풀
64 · 사과나무
65 · 매화
66 · 내가 불행한 것은
67 · 주위가 온통 관광지
68 · 정가루靜嘉樓
69 · 꾀꼬리
70 · 지네 기름
71 · 귀약

72 · 기러기
73 · 파리
74 · 게
75 · 반딧불
76 · 세숫대야
77 · 극락조
78 · 나비
79 · 변화
80 · 달걀
81 · 쉬파리
82 · 지렁이
83 · 나비
84 · 산벚꽃
85 · 꽃
86 · 다람쥐
87 · 당구
88 · 일출
89 · 빛
90 · 가을 풍경
91 · 칸딘스키의 멜로디
92 · 나는 부자다
93 · 허공

차례

94・가을바람
95・황혼・1
96・안개
97・절벽
98・티끌
99・찬물
100・강물
101・설산
102・지구라는 혹성
103・장독
104・5월
105・황혼・2
106・샘물
107・정상이 바로 앞이다

3부 교육

110 · 어미닭은 교육부총리
111 · 여기서 살리라
112 · 말[言] · 1
113 · 황홀한 광산
114 · 회초리
115 · 거지와 부자
116 · 학문하는 바위
117 · 개나리
118 · 한송이 꽃속에서도
119 · 고요는 음악
120 · 빈대떡
121 · 김매기
122 · 말[言] · 2
123 · 도덕 교육
124 · 대접
125 · 깨끗이 살며
126 · 조용한 삶
127 · 자유

차례

 종교

130 · 신의 종자
133 · 부처를 이루는 길
134 · 신의 세계
135 · 다스림
136 · 성인의 경지
137 · 내가 부처
138 · 향불
139 · 촛불
140 · 부처님
141 · 오뚜기
142 · 기독교
143 · 신앙생활
144 · 진여
145 · 유유자적
146 · 존귀한 나
147 · 날개
148 · 나누는 행복
149 · 위대한 나
150 · 성인
151 · 도道
152 · 월남 파병
153 · 치장
154 · 오늘

1부

인생

무엇을 더 바라랴

무엇을 더 바라랴
하느님이 점지해 주셨고
부모님이 받들으셔서
만물의 영장인 인간으로 태어나
건강한 육신과 지혜를 가졌으니
내가 살아야 할 이유
내가 살아 갈 방법
내가 해야 할 일을 알기에
주어진 재능과 지혜로
배풀어 살면 내가
하늘의 뜻을 이루리라
궁핍할 것도 헤매일 것도 없이
내 재능과 지혜를 갈고 닦아
내가 나를 믿고 살아가면
나는 완성 되리라

일

일을 하지 말고 일을 즐기라
일이 없으면 감옥이요 죽음이다
일이 있으면 건강하고
근심 걱정 할 시간이 없다
일은 나를 건강하고 행복하게 한다
일이 있다고 걱정하지 마라
일이 많다고 두려워도 마라
일은 네게 시간을 아끼는 방법을
아르켜주어 짧은 생을 길게 한다
일을 즐기는게 행복이요
부자의 종자를 파종한 것이다

부모님

육신을 주시고 영혼을 주셨네
밝은 눈 귀 코 입 생각 그러고도
길러주시고 교육시켜 주시고
가족까지 이루게 해 주시니
부모님 아니면 그 누구랴
하늘에도 땅에도 없는 선물이라네
자식인 내게 다 주셨으니
가지고도 모르면 받고도 모르면
난 어쩔 수 없는 바보
이 은혜 갚기는 간단하네
부모 위해 사는 것이
나를 위해 사는 것

청소부

권력이나 명예를 부러워하랴
높을수록 고독하고 위험하다
청소부는 날마다 날마다 하는 일이라
손에 익고 쉽고 편하다
청소해놓은 곳을 지나는 사람들은
깨끗하고 살기좋은 세상을 만나리라
그것이 자기의 존재가치요 보시다
내가 이익보고 많이가져 행복하려다
오히려 불행한 사람들이 얼마나 많은가
알아주지 않는 일을 하고 살지만
줄 것도 받을 것도 없으니 얼마나 떳떳한가
수염 많은 것 자식 많은 것 돈 많은 것은
남 보기만 좋지 귀찮고 부담스러운 것이다
청소부란 하찮은 직업이지만
내가 살기에 적당하니 큰 축복이다
이렇게 하기싫은 일을 부담없이 하면
내 삶의 업장이 다하고 좋은 나라에 든다니
얼마나 좋은가
호박꽃에서 꿀을 딴 뒝벌처럼
이리 쉬운 일에서
극락세계에 간다는 티켓을 딴다니
난 불행에서도 행복한 청소부

하나님의 작품

인간은 누구나 하나님의 작품
각자의 여의주인 재능을 가졌으니
갖인줄도 모르고 헤맨다
자기 재능의 발견은 금광이 발견
죄의 뿌리인 탐진치에서 벗어나
우뚝선 인생이어라

품바

옛날 바지 저고리에
흥부네 헝겊을 덧댄 옷
가난하게 떠돌아 살아도
거짓없고 죄 없으니
부러울 것도 욕심난 것도 없네
품바 품바 품바

세상살이 솔직해
육두문자에도 웃고
여인네들 앞에서
볼성사납고 상스러워도
웃고 즐겨 흉없으니
품바, 품바, 품바

만족

이 세상에 올 때 내 재산은 몸뚱이 하나
그것마져 무덤에 버리고 갈텐데
무엇을 욕심내고 괴로워할 것인가
주어진 것에 만족한 이 행복

일등국민

마주칠 때는 상대가 먼저 가게 하고
속삭이듯 말해 주위사람도 엿듣고 싶게하고
자기 쓰레기는 자기가 책임진다면
신사이기 전에 일등국민이련만

일본

질서있는 생활
예의바른 국민
개인의 정원까지 잘 손질되었으면서
왜 이웃나라에 대해선 옹졸하고 비겁한가
그들이 받는 칭찬이 모두 거짓인가
대마도 앞에서 게 한 마리 잡으면
대마도가 한국 땅인가
후지산에서 사과 하나 사 먹으면
후지산이 한국 땅인가
이것이 지상최대의 지성이란 말인가
돈 벌어서 수영장 있는 저택은
인간이 물질의 노예가 되는 것이다
살기 좋은 집에서 정담과 사랑이 오가는
대화 속에 사는 것
이것이 작은 둥지 속에 살면서도
하늘을 날고 사는 새들의 기쁨이다
육신의 날개가 없으면 생각의 날개를 달아라
하늘은 한없이 넓은 땅을 주리라

아들

투석 중에 아버지를 부른 아들
깨끗한 얼굴에 단아한 몸
가문의 현재요
나라의 미래다

추억

추억이 어디로 갔나 했더니
내 가슴속에 생생히 남아
늙지도 퇴색하지도 않고
그리움을 키우고 있다

허공의 해

허공의 해가 자기 길을 가면서
빛을 주고 생명을 주지만
전혀 말하지 않듯이
나도 그리 살아야 하는 것을

마음의 때

몸의 때야 목욕하면 되지만
미워하고 원망하는 마음의 때야
씻을 수가 없어
보시의 물로 씻을 뿐이다

천지창조

나는 천지창조의 가운데에 태어났다
우주는 자기 궤도에 충실하기에
내가 내게 만족할 줄 아니
절로 부자요 평화다

영욕을 떠나

인간사 영욕에 휘말리면
치욕과 분노를 느끼지만
어디나 있는 평범한 일이라 여기면
꽃이 지고 구름이 가도 걱정이 없다

텃밭

내 마음은 텃밭
당신이 뿌린대로 가꿉니다
보리씨를 뿌리면 보리를 가꾸고
배추를 심으면 배추를 가꾸고
잡초를 뿌리면 잡초를 가꿉니다

당신은 내게 어떤 종자를 뿌립니까
좋은 종자를 뿌려야 좋은 수확을 얻습니다
이익을 따르는 것이 아니라
공평한 당신의 기준에 따르십시오
수확물은 모두 당신의 몫이니까요

자기 완성

붉은 지붕은 흰구름의 품에 안기고
바람은 포도송이의 단맛에 반한다
모두들 자기를 완성하고
찾아온 계절을 반긴다

화분

내 심장을 닮은 화분에
당신의 미소 하나를 심고
들며 날며 가꾸는 재미로 살렵니다

마르면 물주고 거름하고
병든 잎은 따 주면서 이 세상에서
가장 예쁜 꽃으로 키우렵니다

삐그덕 소리

잠 못이루고 뒤척이는 밤
마룻장에 올라서는 삐그덕 소리
해묵은 마룻장에 그토록
감동적이고 황홀한 음악이 있을줄이야

시크릿[비밀]

그래, 사랑은 비밀이야
그 비밀의 城에 들면
난 왕자 넌 공주가 되지
그리고 우리의 비밀은 보석이 되는거야

올때는 미소 위를 걸어와
꽃처럼 나비처럼 안기면
가슴이 숲속의 요정이야
그곳에서 신의 음성을 들을거야

빗소리

창밖에 빗소리가 그대 속삭임 같아
아무리 둘러보아도 혼자인 나
우산을 접고 찻집에 들려도
찻잔은 고독만을 맛낸다

보물

당신이 내 보물이기에
나를 버리면
당신이 버려질까 싶어서
나를 버리지 못한 답니다

풍부한 세상

싸라기 한 알 있으니
세상엔 곡식이 있고
코 끝에 바람한 점 들락거리니
온 세상은 생명으로 가득 찼다

금덩어리

쓰레기 통에서
금덩어리를 줍고 싶지만
진짜 좋은 금은
미소속에 사랑이다

주부

나는 가정주부
청소하고 빨래하고
밥도하고 쉬기도 하면서
내가 잘한 것
제일 쉬운 것을 즐기고 살기에
하는 일이 다 쉽고
날마다해도 질리지 않고
사랑하는 이와 함께 사느니
하루하루가 여행이요
먹는 것마다 외식입니다

고요가 천국

혼자서 고요와 벗하라
새가 울어 새소리 즐겁고
꽃이 피어 꽃송이 아름답고
계곡의 은비늘과 함께 맑아 진다

주인

백성은 임금의 주인이요
부모는 자식들의 주인이요
나는 나의 주인이며
나의 주인은 마음이다

가족 나들이

우리 가족과 더불어 나들이 가리라
비싼 외제차가 아닌
발닫는데로 걸어서

눈에는 푸른 하늘
입에는 노래를
손으론 기쁨을 잡고

바람을 안고
꽃길을 지나
웃음 사이로

오직 너

인생은 윤회라
천만번 온다 해도
금생에 만난 네가 좋아
다음 생에도 너를 만나리라

그 이상은 없다

남편이 좋아 한 것은
아내에게 다 있다
아내가 좋아 한 것은
남편에게 다 있다
남편과 아내가 함께
사는게 최고의 행복
이 세상 그 어디에도
그 이상은 없다

젓가락

내가 아니면 넌 일할 수 없고
너 아니면 내가 일할 수 없기에
너와 난 각시와 서방이라
함께 기다리고 함께 일한다

운명

볼 수도 잡을 수도 없는데 있는 바람
우리의 운명도 바람
있기는 있는데
볼 수도 잡을 수도 없는

벗

내 벗은 많지 않다네
마음을 열어주는 벗은 하나
내 일을 자기 일같이 생각하고
나 보다 더 애태우는 사람

조용히 사나니

만나고 싶은 사람도 없어
말없는 책과 벗하니
몸도 마음도 한가로워
맑고 깨끗한 세상이다

꽃동산

날마다 길을 가며 꽃을 딴다
지혜와 사랑과 의지의 꽃
예쁘기도 하고 향기롭기도 하다
이것이 내가 가꾼 꽃동산이다

영웅

영웅은 특별한 사람이 아니다
남들이 하지못한 일을 한 사람보다
명예도 훈장도 없지만
자기 일에 최선을 다한 사람이다

우리 어머니

어머니를 흉보면
흉본 내용을 함께 웃으신다
화를 내거나 따지지 않고
받아 들이고 용서하신 우리 어머니
103세에 돌아가셔서 지금쯤
좋은 세상에 살고 계실 것이다
부자는 아니어도 마음씨
비단같고 융단 같으신 우리 어머니

2부

자연

석류

옆구리 터 보여드릴게요
그대에 대한 그리움이
얼마나 붉게 물들었는가를

목련

새하얀 얼굴에 넉넉한 볼하고
담장 위로 얼굴을 내민 목련
소박하고 조용한 시골에서는
이런 예쁜 목련과 함께 산다

푸른 잎

푸른 잎은 내 청춘
고운 단풍빛은 사랑의 빛깔
가을이 오면 떠나렵니다
봄이 오면 그대 뜰에 다시 피기위해

복숭아와 방망이

복숭아, 복숭아, 복숭아
복숭아보다 더 좋은 복숭아
가을에도 겨울에도 떨어지지않고
하나를 평생 먹어도 질리지 않는
사랑과 꿈이 흐르는 봉숭아

방망이, 방망이, 방망이
아무리 맞아도 아프지않은 방망이
다듬이돌이 아니어도 내 인생을 펴 준
밤새도록 맞아도 상처도 없는
내게는 없지만 내것인 방망이

울타리

가슴에 울타리를 막는다
그리고 사립문을 낸다
괴로움과 번민은 나가고
건강과 행복은 들어오라고

밀감

작고 푸를 때는 몰랐습니다
내게 황금빛과 단맛이 있는 줄
본래 내게 다 주신 것을
내가 이루기 전엔 몰랐습니다

장미

장미는 모가지가 잘려
화병에 꽂혔어도
장미는 끝까지 장미다

수박

너는 군자로구나
속은 붉게 익어 달면서도
겉은 푸르고 검은 줄까지 있어
익지 않고 설게 보이니

탱자나무 울타리

가시 투성이의 탱자나무가
과수원을 지켜 주어
탱자나무는 베어지지 않았다
과수원을 지켜 자기를 지켰다

보시

손에서 나간 씨앗이 아깝지만
내주지 않으면
수확은 없다

베풀어라
자기도 모르는 사이에
몇갑절을 거두리라

삼다수

흰구름에 섞인 오염물질이
한라산 숲과 석회암에 걸러져
새포마다 씻어내니
잃어버린 청춘이 다시 찾아온다

신기루

다가갈수록 멀어진다
저것은 사막의 마술이며
인간에게 주어진 꿈이다

진찰

배가 너무 아파 진찰을 하니
간에 돌이 들었단다
무게있게 산다고 살았는데
그래도 가벼웠던가 보다

풀

자기의 뜻이 얼마나 얼마나 성스러웠으면
비바람에도 꺾이지 않고
고드름 아래서도 부활하여
이웃과 어깨를 나란히 하며
침묵속에 마음을 전하고
자기를 성장시킨 다음
소와 양의 먹이가 되어
그 우유로 인간을 도우니
병이 나기 전에 치료하는
명의의 경지라
저 풀은 부처를 이루었고
나는 부처의 품에 든 목동이다

사과나무

사과 배 감나무가 합쳐진 게 아니다
오직 사과 만을 붉고 크게 익혀
가을 햇살아래 주렁주렁 매달았다

인간인 내가 온갖 것을 잘 할 수 있는 것은 아니다
오직 내가 가진 재능을 익혀
하얀 속살을 접시위에 가지런히 놓는 것이다

매화

얼마나 진실하게 사랑했으면
봄이 오자마자 터뜨린 꽃봉이
저마나 아담하고 향기로울거나

내가 불행한 것은

내가 불행한 것은 내가 지금
얼마나 행복한지를 모르기 때문
자연은 내게 모든 것을 베풀어주었으나
내가 게으르거나 욕심을 부린 탓
바위틈의 소나무도 푸르기만 한데
인간이 못살 땅이 그 어디인가
가뭄이나 한해 보다 더한 것은
위정자들의 술수 그것이 아니면
이 세상은 문명사회 이전의
원시사회보다 평화로우련만

주위가 온통 관광지

풀 한포기만 보아도
풀은 주체성과 의지를 가지고
허공에서 생명을 채운다

돌맹이 하나만 보아도
자기의 역사와 고독을 즐기며
자기 자신에 만족함을 본다

정가루靜嘉樓

나뭇가지 사이로 숨은 정자
봄이면 꽃마중
가을이면 단풍 배웅
고요가 정가루의 음악이다

꾀꼬리

황제가 아니어도 황금빛 깃털에
분홍색 부리에 사랑을 그리는 여름철새
청춘의 계절 오월 위에 노래를 뿌리는
날을 때는 언덕위로 낮게 날아도
둥지는 야산 높은 곳에 튼다
암컷이 알을 품는 동안
수컷은 회포를 풀지 못해
꽉꽉 소리를 질러 몸을 푼다
새끼 쳐 자손을 번식시키고
가을엔 남쪽나라로 떠난다
땅은 나무를 키워 둥지를 틀게하고
하늘은 날개를 위해 허공을 넓혔다
지상에서 가장 맑고 즐거운 노랫소리
꽉꾀꼬르르르르르

지네 기름

보리를 베다가 손가락을 깊이 베었다
손을 들어도 내려도 저리고 아프다
상처 위에 지네기름을 서너 방울 떨어뜨렸다
삼일 후에 보니까
농도 생기지 않고 붓지도 않고
생살이 송긋송긋 솟았다
의료대란에 한방을 없애자고 하지만
나는 반대다

귀약

귀에서 농이 흐르면 잘 낫지 않고
낫어도 재발한다 내가 아는
약은 삼일이면 농이 걷히고
일주일이면 완치된다 화를 내거나
몸이 약해도 재발하지 않는다

기러기

기러기 날개는 하늘을 날고 있어도
기러기 발자국은 모래 위에 남았다
내 영혼은 하늘나라에 간다해도
내 육신은 땅에 묻히리라

파리

내 삶은 파리가 아니냐
부당하고 더러운 것을 옳다하고
그 속에서 비겁하게 이익 본
나 만 즐거우면 그만 이라는

게

썰물때는 뻘밭을 뒤덮어
떼지어 살고
항상 옆걸음 쳐 살아도
파괴나 살상의 전쟁이 없는

반딧불

반딧불은 밤을 즐긴다
남들은 모두 어두운 밤인데
자기는 자기 불을 밝혀 날으니
천지의 어둠은 어둠이 아니다

세숫대야

별나라에 가버린 네가 보고 싶어
세숫대야에 물을 떠 놓고 잤더니
거기에 별이 머물다 갔다
나는 그 물을 꽃나무에 주었다

오늘 아침 꽃나무에 꽃대가 오르고
예쁜 꽃봉오리가 하나 맺혔다
나는 오래지 않아 꽃향기 속에서
안 보일때도 보인 너를 만나리라

극락조

너무나 이기적인 인간세상은 싫다
내 다음 세상은 인도네시아
정글에 사는 극락조로 살리라
화려한 날개로 사랑을 찾아 가는

나비

나비가 부럽다
피어 있는 꽃이 있고
기다리는 꽃이 있는

꽃방석에 앉아
사랑하고 즐기고
꿀대접을 받는

변화

손대기도 무서운 징그러운 애벌레가
그리도 모양고운 범나비가 되듯이
형편없이 못난 내가 인간을
사랑하는 인물이 될 수는 없을거나

달걀

달걀이 깨져야
귀여운 병아리가 나온다
막히고 어리석은 나를 깬 것이
새로운 나의 탄생이다

쉬파리

썩은 고기에 알 쓸은 쉬파리

남의 약점에서 자기의 이익을 취하는
인간 쉬파리 그래야 겨우
세 끼를 먹고 사는 불쌍한 족속

지렁이

기는 재주 하나만 있어도
비오는 날 데이트 하며
자기 세상을 즐긴다

나비

나는 꽃이 만발한 꽃밭을 날아든
범나비가 아니냐
세상은 꽃밭이요
내 영혼에는 날개가 있으니까

산벚꽃

산새가 똥구멍으로 심은 꽃
여기저기 산벚꽃
새구멍도 꽃나무를 심는데
나는 어느 가슴에 미소를 심을까

꽃

꽃에는 태양의 미소와
　　　바람의 속삭임과
　　　흰 눈의 침묵이 있습니다

세상을 아름답게 하고
　　　벌 나비를 불러 모아
　　　향기로운 축제를 엽니다

다람쥐

다람쥐가 쳇바퀴를 돈다
아무리 돌아도 그 자리다
다람쥐는 그것이 일이 아니라 재미다
나도 일상의 쳇바퀴를 도는 바람쥐다

당구

세상이란 당구장
당구공이 여기저기
모서리를 맞추고 다닌 것은
자기 목표를 이루기 위해서다

일출

아침이 온다
저 수평선 아래서
축복인 황금색 걸음으로
완성의 하얀 걸음으로 온다
천지만물의 이름을 밝히고
영원 속에 여러 번
단 하루를 시작한다

빛

오, 아름다워라
저 한 줄기 빛속에
온갖 색깔과 형체가 있구나
여인의 풍만한 유방과 둔덕까지

가을 풍경

맑은 계곡물에
붉은 단풍잎 하나
노란 은행잎 하나
손잡고 뱃놀이다

인간 세상에 살면서
인간 세상을 떠나니
여기가 도솔천 사람은
누구나 붉고 노란 단풍잎

칸딘스키의 멜로디

멜로디가 어울려 맥놀이를 하면
붉은 띠, 푸른 띠, 흰 띠가 나타나고
거기 봄이 피고 가을이 물들어
한 멜로디가 만상을 노래한다

나는 부자다

나는 부자다
재산과 권세가 아니라
편안과 고요함이 넉넉해
표주박으로 별도 뜬다

허공

아무것도 없으면서
없는 것이 없는 허공이여
그래서 하나님도 부처님도 다 계시고
못하는 것이 없는가

네가 없으면
이 작은 숨구멍을 어이 채우고
내 한 세상 다하란 말인가
진공모유한 허공이여

가을바람

기분도 좋구나
어느 흰구름 바라보고 놀다가
어느 폭포에서 목욕했기에
그리도 시원하고 깨끗한가

어느 국향에서 자고
어느 안개의 날개를 타고
새벽이슬을 지났기에
그리도 맑고 서늘한가

황혼 · 1

저것은 하늘의 치장
하루를 베풀은 보시
가진것만 베풀어도
저리나 아름다운 것을

안개

안개는 숲에 젖을 물리고
고독한 바위를 껴안는다
산은 아련한 기쁨에 잠기어
안개의 품에 눕는다

절벽

절벽은 고상하다
폭포의 키를 키우며
여름을 떨게 하고
무지개를 거닐고 산다

티끌

작은 띠끌 하나에
우주의 운행과 역사가 있고
속세를 떠난 영광이 있으며
우주를 이루는 본체가 있다

찬물

여름 반찬이 줄지어 차려지고
어느 것이고 다 맛있다만
시원한 찬물 한 그릇이
머금고 싶도록 맛있다

강물

쉬임없이 흐르고
모자라면 채우고
절벽을 만나면 뛰어내려
기어이 바다에 이르는

설산

설산으로 살리라
하얗고 깨끗한 백설을 이고
파이고 찍힌 세상을 내려다 보며
항상 고상해도 잃을 것이 없는

지구라는 혹성

난 향이 가득한 방에
피아노 선율을 풀으니
지구가 태양을 안고
빙글빙글 돌며 춤춘다

장독

장독을 깨끗이 씻어 비우니
장독에 간장이 가득 차고
저 하늘의 흰구름이 찾아와
붉은 고추와 함께 논다

5월

소리에 무지개를 색칠한 듯
꾀꼬리소리 녹음 위에 구르고
종달이 노래 청보릿잎에 이슬 맺는다
아마도 천국이 지상으로 이사온 듯

황혼·2

저 눈부신 황혼은 저녁
무도회에 갈 치장이며
지구의 자존심이다
어둡기 전부터 흥분되어 있다

샘물

산에 가면 좋다
돌틈 사이에 흐르는 샘물을 만나면
때묻은 마음이 씻기고
고요히 사는 것이 아름다워진다

정상이 바로 앞이다

숨이 차고 다리가 아프지만
그 곳에 가면 산바람을 만나고
멀리까지 바라본 눈은
모든 것이 내 발아래임을 보리라

3부

교육

어미닭은 교육부총리

병아리 때는
좋은 것 귀한 것 다 쪼아 먹이고
매가 날면 품어 지키고
한 종일 돌보고 키웁니다

그러다가 어미털이 나면
머리가 깨지게 쪼아대고
곁에도 못오게 하여
혼자 독립하게 한답니다

엉덩이 털이 방시르하니 곱고
볏이 붉은 가을 날
오 집안을 알노래로 채우고
피 묻은 첫 알을 낳습니다

그래서 다시는 남을
의지하지않는 어미 닭으로 키워
집안을 번영케하고 대를 잇게 하며
자기의 일생을 살아가게 한답니다

여기서 살리라

흰구름 가에서 종달이 노래 쏟아지고
길을 따라 풀어 놓은 꽃들의 향기
여름엔 맑은 물이 나를 부르고
겨울이면 백설 위를 걷는다

보고 있어도 보고싶은 님
그리우면 만나는 친구
자식 잘되기를 바라는 부모님
어느 별이 이마나 좋을거나

정답고 상냥한 이웃들
사는게 즐겁고 행복해라
다만 세월가는 게 아깝지만
내 무덤에 꽃이 피리라

말[言]·1

세상은 말로 시작된다
입에서 나온 말이 쉬운 것 같아도
진실하고 복된 말을 하려면
마음이 깨끗하고 영혼이 밝아야 한다
그렇게 되면 신이 돕고 나 자신이
멋있는 인간으로 살아간다

황홀한 광산

인간아 네겐 모든게 다 있다
　　　신의 미소
　　　소리의 비밀
　　　색감의 미력
다만 찾아내기만 하라
　　　이 황홀한 광산

회초리

수박순을 친 것은
힘 있고 살진 순을 내어
크고 잘 익은 수박으로 커
사랑받고 선택 받으라는 뜻이다

거지와 부자

사는게 어렵지 않네
재산은 마음따라 이루어지는 것
욕심은 평생 거지를 만들고
만족은 평생 부자를 만든다

학문하는 바위

물방울이 바위를 뚫기는 어렵지만
한방울 한방울 같은 곳에 떨어지면
바위에 구멍이 난다 바위는
물방울에게 구멍을 내주었다

개나리

텃밭이 아니어도 좋다
돌틈을 비집고 살아도
자기가 자기 땅을 거름지게 하며
황금빛 노란꽃을 피우는 행복이여

한송이 꽃속에서도

한송이 꽃속에서도 신선을 만날 수 있고
한가닥 바람소리에도 천국의 소리를 듣나니
전시회나 오페라에 가는 것은
고상한 순간에 영적인 만남을 위해서다

고요는 음악

반드시 좋은 악기가 아니더라도
내 마음이 조용하고 맑으면
소리없는 고요는 훌륭한 음악이다
그리고 나는 그 음악에 취한다

빈대떡

빈대떡 장사를 해서라도
빌딩을 짓는데
내가 키운 게으름이 나를
평생 가난하게 한다

김매기

욕심 허영 등 잡풀이 무성하면
좋은 싹이 상처를 받거나 작물이
잘 자라지 못하고 병든다
그러면 가난과 기근이 온다

말[言]·2

말은 토끼요 보약이다
보았다고 들었다고 생각난다고
그때 그때 가볍게 말하면
상대방을 알지 못해 실수하기 쉽다

도덕 교육

도덕 교과서를 만들어야 한다
일체는 자기를 성장시키고 남을 돕는데
인간만이 남을 돕지않고 자기만 돕기를 바란다
이 어리석음은 양심을 느끼지 못한다

대접

오늘은 내가 대접했다
사람들은 자기가 영리해서
대접받은 것으로 알지만 오해다

대접을 하는 것은 종일토록 즐겁고
다음 세상에 복을 짓는 일이니
조금 주고 큰 복락을 얻는 것이다

깨끗이 살며

남을 해치고 사기 쳐
부자되어 잘난 척하는 것은
가난하더라도 깨끗이 살며
떳떳함만 못하리라

조용한 삶

보면 본대로 들으면 들은대로
그 자리에서 잊어버려라 그러면
근심할 일도 시비에 몰릴 리도 없이
입질에 얹히지 않고 항상 조용하리라

자유

너의 대망을 위해 한없이 자유스러우라
다만 너의 이익을 위해
거짓말 하거나 폭력을 쓰지 말아라
그것은 자유가 아니라 방종이요
범죄요 사회악이라 네가
너를 끌고 감옥에 가리라

4부

종교

신의 종자

나는 우주다
걸어다니는 자연이다
대지가 키워낸 쌀밥에
대양이 키워낸 생선에
산과 들이 키워낸 나물이
내 육신과 영혼을 가꾸어
죽담집 웃음소리가 담을 넘는다
내가 나의 주인이요
내가 나를 찬양하니
나는 살아있는 우주요
연주되지 않는 악기다
내 머리에 둥지를 튼 번민을 쫓아내고
가슴속 고요함에서
맑은 물소리와 새소리를 듣는다
나는 색칠 되지 않는 그림
주제 뒤에 숨은 의미를 그린
보면 볼수록 의미 심장하고
수수께끼에 들게 하는 그림이다
그런 내가 어찌
천국이나 극락을 바라겠는가

육신은 영혼의 포장지
멋진 포장도 중요하지만
그 속에 든 영혼이 보석이면
포장이 좀 허술하더라도 무슨 상관인가
나 혼자는 살 수 없기에
서로가 돕는 아름다운 삶이 아닌가
즐거워라 인연이여
우주가 내 모습을 하고
지구라는 혹성에 머물다니
사는게 기적이요 영광이다
내가 얼마나 충실히 살았으면
그 보상을 받아
이 찬란한 세상에 살아 있는가
하루를 살아도 우주의 기운이 내게 있기에
이것을 깨닫는데 인생을 다 했다
내 삶은 우주에 박힌 보석이다
어느것 하나 나를 돕지 않는 게 없으니
존재는 고맙고 영광스러운 것
청소한 삶도 깨끗하고
웃음소리에다 즐겁지 않는게 없으니

나는 수수께끼요 신비다
세상에서 가장 미련한 족속 인류여
할 일이 그러나 없어
전쟁을 일삼아
파괴하고 살상하는 걸 영웅이라 하는가
존재하는 것 중에서 가장
어리석고 미련한 존재들
돌보면서 가꾸지
빼앗고 죽여 당당한 어리석은 미물들
죽이고 빼앗은게 무슨 왕이 라고
그 더러운 일을 역사는 써내려가는가
불행의 길에다 영광의 이정표를 세운
무리들 무슨 멸망이 영광인가
지구의 운명이 다하기 전에
예술과 과학을 장려하고
인생살이가 더욱
아름답고 사랑하는데 쓰게 하라
학교는 인간성을 가르치고
병원은 인간을 치료해야 한다

부처를 이루는 길

깨달음을 위한 수행의 길은
지혜,자비,염불,보시 등
어느 것 하나 쉽지 않지만 걸으라
그러면 법당에 오르고 부처를 만나리라

신의 세계

실상세계가 모두 신의 세계다
주어진 것은 모두 다 신이다
사랑하고 아끼고 최선을 다한다
자기의 삶을 베풀기 위해

다스림

인도인은 코끼리를 잘 다룬다
히말리야인은 노새를 잘 다룬다
아무것도 다룰 줄 모르는 나는
몸과 뜻과 말을 잘 다스려야 한다

성인의 경지

한탄하고 실망하지마라
명예나 권리를 버리면
어떤 것에도 구속이 없는
성인의 경지로 살 수 있다

내가 부처

가정에 부처가 있네
내가 부처가 되는 것이네
고운 말씨와 조화를 이루면
우리집이 절이요 내가 부처라네

향불

향불에 연기가 피어 오릅니다
구불구불 힘들게 오릅니다
내 참회의 무게가
참으로 무거운가 봅니다

촛불

어둠을 밝히는 촛불
그것은 자기를 밝히고
나를 밝히고
우주를 밝힙니다

부처님

내가 누구인지
어디서 와서 어디로 가는지
내가 온 이유가 무엇인지
어떻게 살아야 하는지 모르는데

당신을 알고
당신이 가르쳐 준 세상을 알고
당신의 말씀 속에서 여의주를 찾아
어떻게 살아야 하는지 알았습니다

오뚜기

나는 오뚜기
흔들릴 수는 있어도
넘어질 순 없다
흔들린 자리에 오뚝선다

넘어지고 또
일어선 게 인생살이
넘어지고 일어서고
넘어진 재미로 산다

기독교

깨달음을 얻고
신통력을 얻어
과거 현재 미래를 다 알고
죽음의 두려움에서 해방되는 것도 좋지만
화두참선이 너무나 힘드는데
기독교에선
착하게 살면
늙음도, 병듦도 죽음도 없는
하늘나라에서 영생한다니
대단하다

신앙생활

죽은 다음에 천국에 가서
영원히 사는게 아니라
살아서 천국에서처럼 살아
순간이 영원하게 하는 것이다

진여

물은 그릇에 따라 변하지만
물 자체는 변하지 않는다
이것이 진여의 실체다

사람은 상황에 따라 변하지만
나를 위해 남을 해치지는
말아야 한다 이것이 진여다

유유자적

마시고 싶은 차가 있고
잘 익은 술이 있으며
자연의 음악이 있으니
천하에 부러운 게 없다

존귀한 나

내가 존귀하고 위대하려면
이웃이 존귀하고 위대해야 한다
이웃과 함께 살아간 내가
이웃없이 어찌 존귀하겠는가

날개

바다는 수평선에서 하늘을 날고
바람은 나뭇가지에서 하늘을 난다
날개가 없는 내가 하늘을 날려면
복과 지혜의 날개를 펴야 한다

나누는 행복

자연스런 몸가짐과
사냥한 표정과 미소를 준다
가진것도 내놓을 것도 없지만
이것만 가지고도 넉넉하다

위대한 나

지지리도 못난 내가
세계평화 유지군으로도 잡지못한
자유와 평화를 내것으로 하여
자신의 뜻대로 즐기고 살아간다

성인

금강석은 원래 보석이다 그러나
장인이 깎고 갈아야 보석이 된다
인간은 원래 성인이다 그러나
깨우침에 이르러야 성인이 된다

도道

도는 자기 일을 잘한 것이다
달은 시골이나 도시나
아름답거나 추하거나 관계없이
그 존재를 찾아내어 밝힌다

월남 파병

세계평화를 위해 월남전에 참전했다
고엽제 정글에서 총알앞에서 뛰었다
낮에는 호를 파고 밤에는 보초 서고
두려움도 무서움도 없던 그때에
나는 세상 사는 법을 배웠다
큰 고생은 작은 고생을 무시한다는
어느 교과서에도 없는 진리를 배웠다
내 이름에 자존심을 새긴 것이다

치장

외모는 예의를 갖춤으로 충분한 것
짙은 화장이나 치장엔
거짓과 속임수가 든 천함이다

마음이 덕으로 가득 차면
못생겨도 멋있고 듬직하며
치장하지 않아도 아름답다

오늘

어제는 가 버렸고
내일은 오지않았다
오늘 자기일에 충실한 것이
어제와 내일을 잘 산 것이다`

청소부

김횐구 제21시집

초판인쇄 / 2025년 3월 1일
초판발행 / 2025년 3월 5일
발행인 / 김영선
지은이 / 김횐구
발행처 / 흔맥문학출판부
　　　　서울시 서대문구 통일로 479-5
　　　　등록 1995년 9월 13일(제1-1927호)
　　　　전화 02)725-0939, 725-0935
　　　　팩스 02)732-8374
　　　　이메일 hanmaekl@hanmail.net

값/10,000원

잘못된 책은 구입하신 서점에서 바꿔 드립니다.

ISBN 979-11-93702-19-2